Yo opino...

¿Jugar solo o acompañado?

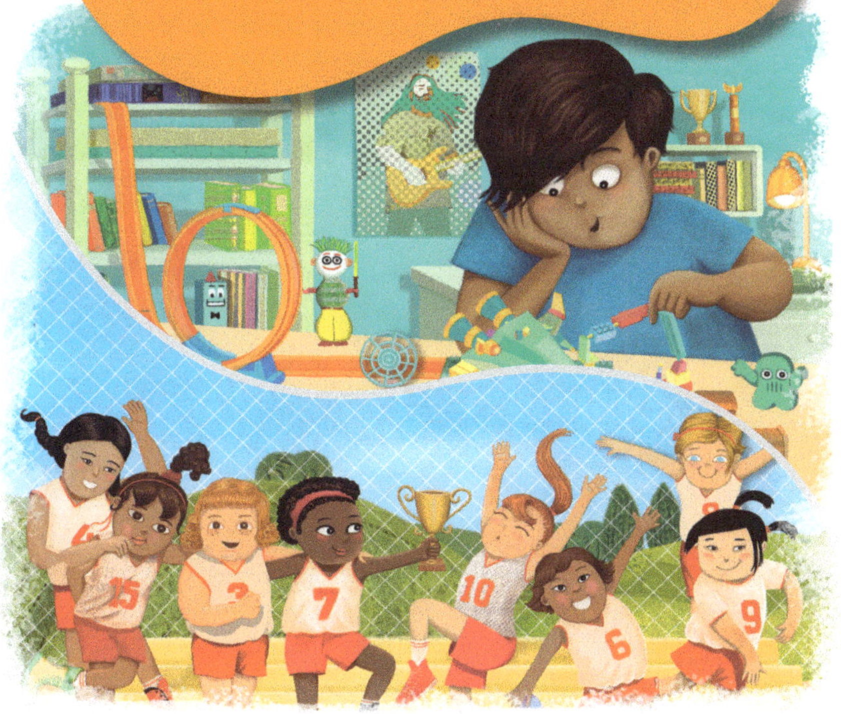

Andrés Pi Andreu
Ilustraciones de **Sandra Lavandeira**

Es mejor jugar solo

Sergio, 10 años

¿Qué es mejor, jugar solo o acompañado? A mí me gusta mucho jugar solo porque así puedo planificar el juego a mi gusto, ser espontáneo, cambiar de plan y hacer lo que quiera. Por ejemplo, puedo pasarme todo el día jugando solitario con los naipes, haciendo crucigramas, leyendo poemas cómicos o jugando pimpón con mi gato miope, que, como no es un ser humano, para mí cuenta igual que jugar solo.

Otra cosa que me gusta mucho de jugar solo es que no tengo que rendirle cuentas a nadie por la forma en que juego o por las estrategias que elijo. Además, si pierdo, fue porque hice algo mal yo mismo. No soy responsable sino de mi propio juego.

Estuve investigando y leí que jugar solo también me da la oportunidad de ser mi propio jefe en un ambiente libre de estrés y me ayuda a adquirir cualidades y habilidades que después puedo usar en la vida real. Por ejemplo, me permite desarrollar la iniciativa personal.[1] Mis padres me pueden regalar un rompecabezas, bloques, plastilina o figurillas, pero soy yo quien decide cómo los uso para divertirme.

Además, cuando juego solo, ya sea en el parque o en línea, conozco a mucha gente nueva. Eso me hace menos tímido o, al menos, más abierto a interactuar y conversar con otros.

En el caso de los videojuegos, una ventaja de jugar solo es que puedo conocerme mejor a mí mismo. Nuestras vidas diarias son rutinarias, o sea, que vivimos casi siempre las mismas situaciones. Ese es el "yo" que conocemos. Sabemos cómo vamos a reaccionar ante estímulos a los que estamos acostumbrados. Pero si jugamos, por ejemplo, un videojuego de acción o lleno de peligros o con monstruos, nos exponemos a situaciones que están fuera de lo normal. Esto nos ayudará a reflexionar sobre nosotros mismos para conocernos mejor.[1]

Puedo responderme preguntas como estas: ¿cómo me comporto ante el peligro?, ¿qué hago si me pierdo en un laberinto tenebroso?, ¿sabré mantener la sangre fría y concentrarme en encontrar la solución sin ponerme nervioso o entrar en pánico cuando esté perdiendo?, ¿haré trampa? Cuando juego acompañado, es difícil que pueda dedicar tiempo y atención a hacer estas reflexiones.

Cuando juego videojuegos de rol, prefiero hacerlo solo. En estos, tomas la personalidad de alguien para jugar: como un avatar. A mí me gusta detenerme a observar los paisajes, edificios, objetos, ropa o vehículos de la época o el lugar donde se desarrolla la historia.

Cuando juego acompañado, no puedo detenerme mucho a hacer estas observaciones, pues le hago perder el tiempo a la otra persona. Si estoy solo, no me siento presionado para continuar. Por ejemplo, puedo dedicar varias horas o días a revisar los archivos donde explican más sobre las costumbres, la tecnología o los secretos de la época o del lugar, que, por lo general, son opcionales. A muchos de los jugadores no les interesan estos detalles, pero yo pienso que leerlos me hace un mejor jugador.

En conclusión, al jugar solo me encuentro con un montón de posibilidades interesantes. Es como una película en la que yo soy el que preparo la escena, escojo los personajes, dirijo la acción y actúo. Jugar solo me ayuda a conocerme mejor y a desarrollar muchas habilidades que después puedo utilizar en mi vida diaria.

Es mejor jugar acompañado

Isabel, 10 años

¿Qué es mejor, jugar solo o acompañado? A mí me gusta más jugar acompañada. En mi opinión, jugar en grupo es mucho más divertido que hacerlo solo. ¡Lo más emocionante del mundo es quedar con amigos para echar un partido en equipo! Imagínate si te encuentras solo en la cancha de baloncesto, lanzando la pelota a la canasta sin poder driblear en torno a un contrario o pasarle el balón a un amigo para que anote dos puntos… No suena tan divertido, ¿verdad?

Además, cuando jugamos acompañados, aprendemos a trabajar en equipo, lo cual es muy útil para la escuela.[1] Me compenetro con mis compañeros de juego y llegamos a actuar con tanta coordinación que parecemos una maquinaria. También me ayuda a mejorar mi vida social,[1] a hacer amigos y a conocer más personas.

Tanto en los deportes como en los videojuegos que se juegan en equipo, cada integrante de este debe hacerse cargo de una tarea o misión que ayude a todos a lograr un objetivo común. Esto nos enseña a ser más disciplinados, pues cada miembro del equipo debe seguir un plan o estrategia y cumplir su misión o papel en el juego.[1, 2]

También aprendemos autocontrol: "Por ejemplo, siempre se debe respetar al árbitro y nunca debe abandonarse un partido porque se perjudicaría a todo el equipo. Este tipo de deportes pueden ayudar a canalizar esa rabia derivada de decisiones que se consideran injustas".[2] Por todo esto, aprendemos a ser menos egoístas y, como resultado, jugar en equipo nos hace mejores seres humanos.

Asimismo, jugar en equipo "fomenta la unión […] y el compañerismo alrededor de una pasión compartida".³ Cuando uno juega solo se pierde una parte importante de la experiencia: compartir buenos momentos con los compañeros de juego. A veces quiero jugar con alguien para vivir momentos memorables, como armar un equipo para ir a una competencia y ganar un trofeo, y después poder recordar juntos nuestro triunfo. ¡La alegría de compartir con otros es uno de mis puntos más fuertes a favor de jugar acompañado!

Además, si hablamos de los juegos en línea, estar solo limita tus opciones, pues hay muchísimos juegos geniales que solo pueden jugarse en equipo o en pareja.

Otra ventaja de jugar acompañado es que uno se siente más seguro ante cualquier dificultad, como tener un accidente o perderse mientras jugamos a los exploradores. Tus compañeros te ayudarán, te llevarán cargado a un banco y pedirán ayuda si es necesario.

   Lo peor de jugar solo es aburrirte de lo que estás haciendo en un lugar donde no conoces a nadie y tener que irte a casa a estar más solo todavía. Aburrirse solo es muchísimo peor que aburrirse acompañado. En esos momentos, necesitas un compañero de juego porque es mucho más fácil desaburrirte si tienes un amigo a tu lado.

Por último, está la cuestión del baño. ¿Alguna vez has tratado de ir al baño en medio de un asalto a la fortaleza enemiga mientras juegas en línea? No tendrás este problema si cuentas con un compañero de juego. Por ejemplo, tu hermanito, tu hermanita o un amigo pueden tomar el mando mientras tú usas el baño.

Además de la necesidad de ir al baño, también hay otras cosas que pueden interrumpirte en el momento más inoportuno, como tener que ir a almorzar, sacar la basura o cualquiera de los mandados o tareas que debes hacer en tu casa. Y eso es realmente un argumento muy serio en contra de jugar solo. ¡A nadie le gusta dejar a su equipo abandonado en medio del juego a merced del equipo contrario!

En conclusión, me parece que jugar acompañada es mejor que jugar sola porque me gusta compartir mis alegrías, experiencias, victorias y derrotas con otros. También me permite conocer gente con personalidades diferentes y aprendo a tratarlos e interactuar con ellos. Asimismo, adquiero valores y habilidades importantes para la vida, como la disciplina, el autocontrol y el compromiso con el éxito de mi equipo.

Notas bibliográficas

Es mejor jugar solo

1 Nancy Olsen-Harbich: "Playing Alone Can Promote Creativity, Initiative, and Esteem" [en línea]. MA Cornell University, CCE Suffolk County Family Health & Wellness: 28 de marzo de 2015. [Consulta: 30 de junio de 2020]. Disponible en <https://blogs.cornell.edu/ccesuffolkfhw/2015/03/28/playing-alone-can-promote-creativity-initiative-and-esteem/>.

Es mejor jugar acompañado

1 José Alberto Santacana López: "Por qué los deportes de equipo son buenos en edad escolar" [en línea]. *D!dactia*: 20 de febrero de 2019. [Consulta: 30 de junio de 2020]. Disponible en <https://didactia.grupomasterd.es/blog/numero-15/porque-los-deportes-de-equipo-son-buenos-en-edad-escolar>.

2 "Beneficios del deporte en equipo para el cerebro" [en línea]. *Axa Health Keeper.* [Consulta: 30 de junio de 2020]. Disponible en <https://www.axahealthkeeper.com/blog/beneficios-del-deporte-en-equipo-para-el-cerebro/>.

3 "¿Qué se gana al jugar en equipo?" [en línea]. Secretaría de Educación Pública, Universidad Pedagógica Nacional. [Consulta: 30 de junio de 2020]. Disponible en <http://deportes.upnvirtual.edu.mx/index.php/novedades/blog/466-que-se-gana-al-jugar-en-equipo>.

© 2021, Vista Higher Learning, Inc.
500 Boylston Street, Suite 620.
Boston, MA 02116-3736
www.vistahigherlearning.com
www.loqueleo.com/us

© Del texto: 2021, Andrés Pi Andreu

Dirección Creativa: José A. Blanco
Director Ejecutivo de Contenidos e Innovación:
   Rafael de Cárdenas López
Desarrollo Editorial: Lisset López, Isabel C. Mendoza
Diseño: Paula Díaz, Daniela Hoyos, Radoslav Mateev,
   Gabriel Noreña, Andrés Vanegas
Coordinación del proyecto: Brady Chin, Tiffany Kayes
Derechos: Jorgensen Fernandez, Annie Pickert Fuller
Producción: Oscar Díez, Sebastián Díez, Andrés Escobar,
   Daniel Lopera, Adriana Jaramillo, Daniela Peláez
Ilustraciones: Sandra Lavandeira

¿Jugar solo o acompañado?
ISBN: 978-1-54333-544-6

Todos los derechos reservados. Esta publicación no puede ser reproducida, ni en todo ni en parte, ni registrada en o transmitida por un sistema de recuperación de información, en ninguna forma ni por ningún medio, sea mecánico, fotoquímico, electrónico, magnético, electroóptico, por fotocopia o cualquier otro, sin el permiso previo, por escrito, de la editorial.

Published in the United States of America

1 2 3 4 5 6 7 8 9 GP 26 25 24 23 22 21

www.ingramcontent.com/pod-product-compliance
Lightning Source LLC
Chambersburg PA
CBHW040008080526
44586CB00027B/2920